RUDOLF ZUR LIPPE
OIDIPUS UND DIE
VERWEIGERTE SEELENFAHRT

WIENER VORLESUNGEN IM RATHAUS

Band 2
Herausgegeben von der Kulturabteilung der Stadt Wien
Redaktion Hubert Christian Ehalt

Vortrag im Wiener Rathaus
11. Oktober 1989

RUDOLF ZUR LIPPE

OIDIPUS UND DIE VERWEIGERTE SEELENFAHRT

Der Mythos vom Ende des mythischen Zeitalters

PICUS VERLAG WIEN

Graphische Gestaltung: Dorothea Löcker, Wien
Satz: »werbegraphik«, Wien
Druck und Verarbeitung: Druckhaus Nonntal, Salzburg
Printed in Austria
ISBN 3-85452-301-7

Die »Wiener Vorlesungen« im Rathaus, zu denen Wiens Bürgermeister Dr. Helmut Zilk und Kulturstadträtin Dr. Ursula Pasterk einladen, behandeln aktuelle gesellschaftliche und politische Fragen aus einer interdisziplinären Perspektive. Die Referenten sprechen aus ihrer Forschungspraxis, aber auch auf der Basis persönlicher Erfahrungen. Die Zukunft der Gesellschaft, die Tendenzen der sozialen Entwicklung, die Möglichkeiten des kulturellen und sozialen Fortschritts bilden den thematischen Rahmen. Die im Frühjahr 1987 initiierte Vortragsreihe ist zu einem international besetzten intellektuellen Jour fixe geworden, von dem Impulse für kontroversielle Diskussionen und für Meinungsbildungsprozesse ausgehen. In diesem Sinn soll diese Publikationsreihe die Wiener Vorlesungen einer größeren Öffentlichkeit erschließen.

Seelenfahrt und Oidipus stehen für historische Epochen unserer Geschichte, die vor der Chronologie liegen, wie wir sie gängigerweise mit der Gegenwart als Vorgeschichte verbinden. Wir haben uns daran gewöhnt, uns nur innerhalb des Zeitraums zu bestimmen, der im modernen Sinne historisch ist, der also aus schriftlichen Darstellungen als eindeutige Abfolge datierter Namen und Ereignisse rekonstruiert wird. Wir stehen aber in gewisser Hinsicht am Ende dieser Geschichtsepoche, so daß wir uns um der Gegenwart willen vergegenwärtigen müssen, wie diese Epoche sich zu dem weiteren Weltengang verhält.

Meine Beschäftigung mit dem Leiblichen in diesen letzten drei Jahrzehnten ging aus von einer erstaunlichen Beobachtung. Als Karlfried Graf Dürckheim aus dem Japan des Zen zurückkam, wurde ich sein Schüler und merkte, wieviel Bewegung uns Europäern fremd geworden ist. Die äußere Bewegung im Gehen oder Bogenschießen oder in manchen anderen Künsten und die innere Bewegung des Atmens, die inneren Bewegungen des Leibes und der Seele, beim Sitzen, beim Stehen. Ich staunte. Schließlich haben auch wir zwei Beine und gehen mit ihnen, schließlich haben auch wir eine Lunge und atmen mit ihr. Dann fiel mir wieder ein, daß die alten Griechen noch von dem Zwerchfell als dem Sitz der Seele gesprochen haben. Das hatte ich zuvor nie verstanden. Mir wurde daran bewußt, daß es in unserer europäischen Geschichte eben auch mehr gegeben hat als das, was bis in die Gegenwart überliefert ist. Von daher kam meine Frage: Was ist eigentlich in Europa geschehen? Meine Beunruhigung darüber, die mich schon damals veranlaßte, so zu fragen, ist ständig gewachsen. Sie ist gewachsen durch die sechziger Jahre hin, bis zu dem großen allgemeinen Aufbruch.

Politisch-weltanschauende Prägung gaben ihm die Studenten und eine damals außerparlamentarische Opposition in unseren Ländern. Wir begannen von den großen Aufgaben und Fragen her, vor die wir uns in Europa zunehmend deutlicher gestellt sehen, die Fragen und Aufgaben unserer Beziehungen zu den Ländern und Traditionen außerhalb Europas zu begreifen. Es geht um einen wirklichen Dialog, ein gegenseitiges Lernen für die Welt von morgen, mit der sogenannten Dritten Welt. Gerade gegenwärtig, im Herbst 1989, beobachten wir eine außerparlamentarische Opposition, einen neuen Aufbruch in den Ländern im Osten unseres Kontinents. Längst sind die Fragen der Beziehungen der Menschen zueinander, zu sich selbst und zur Natur uns gegenüber aufgedeckt worden. Und immer fehlt es dort, scheint mir, an einer Bewegung im äußeren Sinne und im Sinne einer inneren Bewegung von Seele und Atem, die sie uns zu vermitteln vermögen. Zugleich fehlt es aber auch an einem Denken in Begriffen der Bewegung.

Machen wir uns dies an unserer Bestimmung eines einzigen Begriffes klar. Was ist für uns Gleichgewicht? Die Waagschalen sind im Einstand. Sie bleiben stehen. Selbstverständlich ist Gleichgewicht also etwas Statisches. Das ist nicht immer so gewesen. Jetzt kommen ausgerechnet einige der Erben jener Physik, die sich solange zum Sachwalter und Wortführer dieses Denkens gemacht hat, uns daran zu erinnern, wie einseitig zumindest diese Auffassung ist. Ich denke besonders an Georgescu-Roegen. Wir sollen, zum Beispiel in der Ökonomie, wieder in dynamischen Gleichgewichten, also wieder in Gleichgewichtsgängen zu denken versuchen.

Aber das verspricht wenig Gutes, wenn wir nicht insgesamt bei der Auffassung und Gestaltung des Lebens in Bewegung kommen. Am Ende dieses Gedankenganges werden wir, so hoffe ich, ein wenig deutlicher sehen, was aus der Vorgeschichte unserer Gegenwart heraus dazu an Hilfen zu gewinnen ist, so daß wir genauer über das, was ansteht, sprechen können.

Ich mache einen Gang zurück in die Geschichte, wie das Wort Oidipus es andeutet, obwohl Sie natürlich im Zusammenhang mit dem Freudjahr den Ödipuskomplex erwarten. Den sollten Sie auch ruhig erwarten; denn ich brauche ihn als Kontrastfigur. Aber ich werde nicht auf ihn selbst eingehen.

Ich will zunächst einmal versuchen, Ihnen das viel unbekanntere Wort Seelenfahrt näherzubringen. Ich suche damit eine Brücke zu der mythischen, ja zu der magischen Vergangenheit unserer Geschichte vor dem, was heute westliches Denken und westliches Handeln ist. Ich suche eine Brücke für die Gegenwart zu dem Welt- und Selbstverständnis einer Zeit, die in dieses westliche Denken gerade noch nicht eingetreten war. Ich meine damit die griechische Geschichte vor ihrem Eintritt in die Epoche, die wir ganz zurecht als eine antike Aufklärung bezeichnen. Denn nicht nur die neue Rationalität der Moderne, die sich im 17. und 18. Jahrhundert als Aufklärung durchsetzte, wird so bezeichnet. Vielmehr nennen wir, aus unserer Sicht als eine Vorwegnahme dessen, schon in der griechischen Antike eine Philosophie und ein Denken überhaupt, ein Handeln eine Aufklärung. Dies war die griechische Kultur, sagen wir, des fünften Jahrhunderts vor Christus. Wir sehen sie gruppiert um die Entwicklung insbesondere von Sokrates über Plato zu Aristoteles.

Ich möchte Ihnen für die Seelenfahrt zwei Beispiele geben, die uns in der abendländischen Welt doch vertraut geblieben, wenn auch stiefmütterlich behandelt worden sind. Jedenfalls ist es im allgemeinen Gebrauch der Kirchen so. Wer denkt schon wirklich daran, daß die Auferstehung Christi sich nur, wie es bis vor kurzem hieß, nach der Höllenfahrt vollziehen kann, also nach einer Fahrt Christi durch die untere Welt, die der Auffahrt in die Überwelt vorausgehen muß. Was dieses Durchfahren der Dimensionen der Welt in all dem bedeutet, was Unterwelt und Überwelt vielleicht material, aber auch in der geistigen und seelischen Wirklichkeit sind, das müßten wir uns erst einmal vergegenwärtigen, wenn wir an die Seelenfahrt heranfinden wollen.

Es gibt noch eine andere sehr berühmte, in wunderschönen Bildern uns gegenwärtige Seelenfahrt, nämlich die des Jonas, der in den Bauch des Walfisches muß. Auch seine Fahrt dauert drei Tage. Das sind eben die Phasen; ich werde noch darauf zurückkommen. Immer führen diese Phasen den Gang in das Dunkel und wieder zurück in das Licht. Immer sind sie auch Phasen der Selbstverwandlung dessen, der diese Fahrt antritt und vollzieht. Immer gehen sie vor sich schließlich als eine Verbindung dieser neu als dunkel und hell erfahrenen Welt mit der Wirklichkeit, so wie wir sie alltäglich zu leben gewohnt sind.

Die Geschichte des Oidipus will ich nun interpretieren als ein exemplarisches Modell für die Verweigerung einer solchen Seelenfahrt.

Zunächst will ich mich jedoch der Hypothek des Freudschen Ödipuskomplexes entledigen.

Schon in dem Sophokleischen »Oidipus Tyrannos« heißt es: »Im Traume hat ein jeder Mann schon den Wunsch gehabt, bei der Mutter zu liegen.« Oidipus erschlägt den Vater Laios und heiratet die Mutter Iokaste, ohne vom einen oder dem anderen zu wissen. Bei den Menschen, mit denen Freud es zu tun hat, ist nur der Wunsch da, den Vater zu beseitigen, um bei der Mutter zu liegen. Es kommt gerade nicht zu der Ausführung. Vielmehr siegt der Vater mit der unausgesprochenen Drohung, den Sohn zu kastrieren. Der Wunsch wird unter diesem Druck umgeformt in den tiefen Vorsatz des Sohnes, einst mit einer anderen Frau die Rolle des Vaters selbst zu übernehmen. Diesen ganzen Komplex möchte ich ausgrenzen. Es geht bei Freud gerade um diese symbolische Kastration, um die Unterwerfung unter den Vater, und darum, daß der symbolisch Kastrierte in die Früchte dieses Unterwerfungsmodells eintritt. Freud folgte vielleicht damit mehr der alttestamentarischen Geschichte als der griechischen. Sein Vorbild ist eigentlich Isaak, den der Vater opfern wollte und der dann in den Genuß der dafür dem Stamme Abrahams von Gott zugesagten Vergünstigungen eintritt. Eine solche Vermutung hatte ich immer gehabt. Sie wurde zur Evidenz, als ich im Sommer 1988 die Aufführung des »Kleist-Projektes« von Neuenfels in Berlin erlebte. Dort sah ich den jungen Kleist gleichzeitig konfrontiert auf der einen Seite mit der Schlachtung des Isaak, die auf einer Bühne inszeniert wird, und auf der anderen Seite mit dem preußischen Kadavergehorsam; auf einer weiteren Bühne wurden die Worte aus Kleists Briefen dazu rezitiert.

Ich möchte dabei auf ein Moment der, im letzten Augenblick erlassenen, Schlachtung des Isaak eingehen. Abraham soll seine Gottwohlgefälligkeit durch absolute Unterwerfung beweisen, indem er bereit sein muß, seinen Sohn zu opfern. Dieser Sohn wird dann in der alten rituellen Weihe tatsächlich auf den Richtplatz geführt, wo sie den Scheiterhaufen errichten. Er muß, neben seinem Vater wandernd, selber die Scheite auf seinem Rücken dorthin tragen. Durch das Eingreifen von oben wird diese Tat erlassen und das Leben von Isaak gerettet. Die Wohltaten, die dem Stamme Abrahams für diese Unterwerfung unter den göttlichen Willen versprochen worden sind, werden später Isaak selbst zuteil, nachdem er das Erbe des Stammvaters antritt. Er genießt sie, er nimmt sie an, so daß er nachträglich auch seine eigene Opferung anerkennt.

Oidipus hat ganz anderes gelebt und getan. Die Frage seines Lebens war eine ganz andere. Er trifft am Scheideweg einer Wanderschaft diesen alten Mann, von dem sich Jahrzehnte später herausstellt, daß es sein Vater Laios war. Auf einem Wagen fährt ihm ein herrischer alter Mann entgegen. Als er auf den jungen Wanderer trifft, schlägt er ihn und verweist ihn als Nichtswürdigen des Weges. Da schlägt Oidipus zurück und tötet, nichts ahnend, den Herrscher von Theben. Die Stadt Theben liegt zu dieser Zeit darnieder; die Bevölkerung hat unter einem fürchterlichen Ungeheuer zu leiden, der Sphinx. Sie hält Theben besetzt und frißt die Jugend des Landes – übrigens deshalb, weil Laios eine Schandtat nicht zu büßen bereit ist. Eine Möglichkeit, von der Sphinx erlöst zu werden, ist bekannt. Ein Mensch muß das Rätsel, das sie aufgibt, lösen. Von den drei Musen hat sie es gelernt und gibt es auf, seit Laios einen Knaben entführt hält. »Welches Wesen, das nur eine Stimme hat, hat zu Zeiten zwei Beine, zu Zeiten drei, zu anderen vier Beine und ist am schwächsten, wenn es die meisten hat?«[1] Oidipus, der sich nach dem Morde an Laios Theben nähert, errät die Antwort. »Der Mensch«, sagte er, »denn er kriecht als Säugling auf allen vieren, steht in seiner Jugend fester auf seinen zwei Füßen und stützt sich im hohen Alter auf einen Stock.« Die darob entsetzte Sphinx springt vom Berge Phikion und zerschellt unten im Tale. Da rufen die dankbaren Thebaner Oidipus zum König aus, und er heiratet Iokaste, ohne zu wissen, daß sie seine Mutter ist.«

Nun kommt der merkwürdige Punkt, den ich als einen Wendepunkt in der europäischen Geschichte, hin zu dem, was wir westliches Denken nennen, betrachte. Oidipus versäumt, meine ich, zu erkennen, daß hier von einem Gang durch ein Leben die Rede ist, von dem Gang durch Kindheit, Mannesalter und Greisentum. Er begreift stattdessen die ganze Geschichte als ein bloßes Rätsel, wie ein Kreuzworträtsel, bei dem es auf die Koordinationsleistung des Ver-

---

1) Zit. nach: Robert von Ranke-Graves, Griechische Mythologie, Quellen und Deutung, Ziff. 105e.

standes ankommt. Er löst ein Rätsel, rein intellektuell. Voll naiven Stolzes sagt er: »Ich habe es raus! Es ist der Mensch!«

Wir sind so gewöhnt an das Schema von den schönen bösen Prinzessinnen im Märchen, die den Freiern Rätsel aufgeben, daß wir dieser grundlegenden Unangemessenheit nicht gewahr werden. Wir halten es den Märchen zugute, die wir nur für Märchen, nicht für die späten Spuren der Mythen halten, daß die Wende des Lebensweges zum Glück von einem Rätselraten abhängen soll. Wir denken nicht weiter nach darüber, daß die Unglücklichen Leben und Kopf verwirkt haben sollen, weil Märchen sowieso als grausam gelten. Aber die Todesstrafe für den, der die Lösung nicht findet, weist einfach darauf hin, daß es da ums Ganze geht. Und, so müssen wir fragen, welches ist dieses Ganze in der Geschichte des Oidipus?

Ein Zweites hat mich auf meine Fährte gebracht. Einer der antiken Kommentatoren der hellenistischen Zeit hat, im dritten vorchristlichen Jahrhundert, gesagt, und das haben dann andere bis in die Gegenwart aufgegriffen: Die Sphinx ist eigentlich gar nicht von dem Helden überwältigt worden, sondern sie hat sich aus Verzweiflung über die Dummheit der Antwort in den Abgrund gestürzt. Diese Vorstellung habe ich auf Anhieb sehr lustig gefunden. Ich habe sie einmal in einem Kreise von Kasseler Pädagogen und Theologen und Philosophen zitiert. Meine Sympathie für die Pointe wurde ernster genommen, als ich erwartet hatte. Wie kommen Sie eigentlich dazu? Beweisen Sie einmal, daß Sie sich etwas Vernünftiges dabei denken! Da mußte ich den langen Weg durch die Beweise antreten, auf dem ich mich heute noch befinde. Entsprechend schließen sich die Gedanken auch noch nicht durchgängig zusammen, sondern lassen einige Freistellen und Querverbindungen offen.

Ich berichte Ihnen jetzt von den Stationen, die ich bisher erreicht habe. Aufhorchen ließ mich die plötzliche Einsicht: Oidipus hat den gemeinten Weg verweigert. Dies nicht einmal zu bemerken, war seine eigentliche Blindheit. Er hat sich durch eine intellektuelle Leistung in den Genuß der Herrschaft über die Stadt Theben gesetzt, die als Preis ausgesetzt war nach dem Tode des Königs. Er rühmt sich auch bei Sophokles damit und grenzt sich ab gegen den alten Seher Theresias, der es von den Vögeln lernt, das heißt von dem Kosmischen, vom Ganzen der Natur und der durch die äußersten Verwandlungen seines Lebens gereift ist.

»Denn komm, sag an, wo hast du dich als Seher
Bewährt? Was hast du, als die Sprüchespinnerin
Hier war, die hündische, nicht irgend etwas
Gesagt, um dies Bürger auszulösen?
Freilich, das Rätsel auszudeuten, war nicht Sache
Des ersten Besten! hier galt's Seherkunst:
Die du, wie sich gezeigt, von keinen Vögeln
Noch von der Götter einem als Erkenntnis hast.
Ich kam daher, der nichts wissende Oidipus,
Und machte stumm sie, weil ich's traf mit meinem
Witz...«[2]

Was machte in Wirklichkeit die Sphinx »stumm«, sprachlos? War es nicht eine neue Sprache, die Sprache der Wörter statt des Wortes?

Als nächstes habe ich gesehen, daß Oidipus schließlich, nach der Katastrophe, nach der

2) Sophokles, König Oidipus, erster Auftritt, Hrgb. u. übertragen, von Wolfgang Schadewaldt, Insel Hachlbach 1972

Katharsis, nach der Erkenntnis doch den Gang angetreten hat. Bevor ich aber dahin komme, möchte ich erläutern, was ich unter diesem Gang verstehe. Das ist nicht nur der Gang im physischen Sinne, auf den ich aber doch auch so noch einmal zurückkomme. Es ist natürlich auch der Weg gemeint, wie Karlfried Graf Dürckheim »den Weg« als einen Begriff aus dem Fernöstlichen, aus dem Japanischen zu uns gebracht hat. Ein Leben als einen Weg betrachten. »Der zielfreie Weg« hat gerade in dem Gang seinen Sinn und darf nicht an dieser oder jener Station als in einem Ziel angehalten werden.

In diesem Verständnis können wir den Namen als einen weiteren Schlüssel begreifen und handhaben. Oidipus: der verstümmelte Fuß; der Klumpfuß manchmal: der, der mit beschwerten Füßen nicht gehen kann. Warum? Mit Oidipus beginnt nicht diese Geschichte. Dem Vater Laios war geweissagt worden, der Sohn werde ihn ermorden und ihm die Herrschaft rauben. Der Vater empörte sich. Er wollte die Macht nicht abgeben, möchte ich sagen. Selbstverständlich sage ich das heute so, in dieser letzten Woche des Oktober 1989, mit besonderem Nachdruck. Was ich damit meine, steht uns allen aus den Ereignissen ganz besonders der östlichen Hälfte des deutschen Landes vor Augen. Der Vater sagt: Nein! Eher lasse ich dich umkommen. Ich setze dich aus. Er läßt das Kind in ein einsames Gebiet schleppen, auf einen Berg. Berge, Inseln, Einöden sind die Orte, an denen die Mythen ausgesetzte Menschen oder bewußte Seelenfahrer zum Außerordentlichen reifen lassen – noch Johannes auf Patmos ist ein Beispiel dafür.

Dem winzigen Knaben werden die Füße vom Vater selbst zuvor durchbohrt und zusammengebunden. Damit er nicht gehen kann, wollen wir sagen. Aber der Neugeborene kann ohnehin seine Beine nicht zur Fortbewegung gebrauchen. Das Symbolische der Handlung tritt umso deutlicher hervor. Das Kind wird gehindert, wenn es denn überleben sollte, seinen Lebensweg im eigentlichen Sinne zu gehen. Infolgedessen ist eine Entscheidung für die Verstandeskraft eine gar nicht gewählte. Sie ist ein notwendiger Ausweg, von dem mir scheint, daß er auch gattungsgeschichtlich für unsere Kultur insgesamt zwar problematisch ist, aber eben auch etwas Notwendiges hat. Vergegenwärtigen wir uns nun, in welcher historischen Epoche der Oidipusmythos anzunehmen ist. Die Ereignisse zeigen Oidipus als einen älteren Zeitgenossen des Theseus. Er gehört zu einer Generation, auf die die des Herakles unmittelbar folgt.[3]

Herakles wird ausgeschickt, um gegen die Natur zu kämpfen, die dem Menschen inzwischen als das wirkliche Wiederstreben gegen die eigene Naturbeherrschung erscheint. Heinrich Zimmer, der großartige Kenner und Erzähler der Mythen, hat diesen Herakles verspottet, um die abendländische Geschichte zu kritisieren, die er mit dem Halbgott der zwölf Arbeiten einsetzen sieht. Ältere Auffassungen zeigt er besonders in den keltischen Überlieferungen auf.

»In the myths of Greece, we are told of another great Lion-Man closer to our own imagination and therefore more easily deciphered – namely Herakles, who, by his heroic deeds, became the model for antiquity, just as Owain for the peoples of the basically Celtic world of the

3) Geoffrey Stephen Kirle nennt Oidipus einen der »jüngeren Heroen«, Griechische Mythen. Ihre Bedeutung und Funktion. Rowohlt, re 1987.

medieval North. Herakles, however, linked himself with the »lion« principle in the Greek fashion – a manner precisely the reverse of the Celtic. He was not followed by his beast as by a faithful dog, but conquered, slew, and flayed it, in the form of the invincible lion monster of Nemea; then he donned the skin, which he wore thenceforward as his characteristic costume, both to boast of the victory and to frighten friend and foe. With the terrible claws crossed over his heroic chest, the fierce mouth with its gaping jaws towering over his head, and the tail dangling behind, he stalked about the land as a two-legged super-lion, the man conquerer of lionhood, i. e., the man conqueror of the whole animal kingdom by virtue of his conquest of its king.«[4]

Es war die Zeit des Theseus, der, ähnlich wie Oidipus, Athen von einem furchtbaren Joch befreit hat, jedes Jahr junge Leute als Opfer an den Minotaurus nach Kreta schicken zu müssen. Er ist in dieses Labyrinth gegangen, um den Menschenopfern ein Ende zu setzen. Er hat den

4) Heinrich Zimmer, The King And The Corps. New York 1947. S. 127.

Minotaurus erschlagen und damit seine Stadt befreit. Oidipus starb in Kolonos auf dem Boden Athens als Gast des Königs Theseus, dem er, zugleich allen Athenern, einen besonderen Segen spendete, indem er unter seinem Schutz den Schritt in die Unterwelt vollzog.

Ein anderer Halbgott, der in dieser Zeit Bestien bezwang und zum König wurde und die Geschichte eines historischen Rechtes begründete, war Perseus, der Mann, der die Gorgo erschlug. Wie konnte er das tun, da doch jeder, der sie ansah, versteinerte? Perseus mußte seinen Schwertstreich gegen die Gorgo zielend führen können, ohne sie anzusehen. Athena schuf auch dazu die Voraussetzungen wie für manche verwandte Tat. Sie war die Göttin der Weisheit, sagen wir manchmal, oder der Wissenschaft. Ich denke, sie ist mehr eine listige Heerführerin der mentalen Zeit, also des Kognitiven, des Intellektuellen. Sie stiftete den Perseus an, ähnlich wie den Herakles, die Gorgo, die aus den alten Mächten kommt, die alte Tierherrscherin, die alte Naturgottheit endlich aus dem Weg zu räumen. Sie sagte ihm, wie das Menschenunmögliche zu machen war. Man schaut nicht hin. Man poliert seinen Schild, bis er ein Spiegel wird. Dann kann man im Spiegelbild das Gegenüber und die eigenen Handlungen kontrollieren, ohne dem Blick standhalten zu müssen. So wurde die Gorgo erschlagen. Perseus lernte zu treffen, ohne sich treffen zu lassen. Athena lehrte ihn zu sehen, ohne von der Welt angesehen zu werden. Sie lehrte ihn den Beginn zum modernen Aktivismus. Der Begriff ohne Ergriffensein ist nicht weit davon.

Dies war freilich nur ein Beginn von vielen. Aber an allen Enden geschah, was der Sphinx aus dem Verhalten des Oidipus entgegenschlug. Seine Antwort nahm als logischer Schluß vorweg, was als Weg eines Lebens durch sein Alter gemeint war. Morgen, Mittag und Abend waren zeitlos geworden wie die Logik, die sie auf den gemeinsamen Nenner gemessener Zeiteinheiten brachte. Es ist das Ende des mythischen Zeitalters.

Die Sphinx ist von ihrem Sockel gekippt; ich würde nicht sagen, aus Verzweiflung über die Dummheit des Antwortenden, sondern, weil die Antwort zu der Frage so wenig paßt, wie sie offensichtlich zu einer neuen Zeit gehört. Ein ganz neues Geschlecht war aufgewachsen. Die mythischen Ungeheuer wurden beseitigt wie die fraglose Unterordnung, die sie verlangten. Die Bilder des Mythos wurden verweigert wie die Seelenfahrt, die sie zur Aufgabe machten.

Für uns stellt sich heute die Frage: Ist eigentlich das, was damals die Menschen hinter sich warfen, auch endgültig verarbeitet? – Sind da nicht Reste geblieben? Diese Reste benenne ich mit der verweigerten Seelenfahrt. Wir können noch nicht wissen, auf welche ganz neue Weise, aber wir werden sie sicher als Aufgabe noch einmal gestellt bekommen, nachdem wir in dieser Welt, die sich an die Stelle der mythischen gesetzt hat, mental uns ziemlich weitgehend auskennen. Wir haben die Erde zu unserem Territorium gemacht. Das Territorium ist kartographisch erfaßt. Bewegungen sind als Transport definiert, zeitliches Nacheinander durch die Raumpunkte des Nebeneinader.

Oidipus kam vor den Bildern der Lebensalter nicht mehr auf die Idee, daß es sie zu durchlaufen gelte, um in den verschiedenen Gleichgewichten auf vier, auf zwei und auf drei Beinen zu reifen, um sich im Unbewußten *und* im Wissen, in der Stärke *und* in der Schwäche zu erproben. Er antwortete der Sphinx nicht als ein Mensch auf seinem Wege, sondern lieferte eine Definition für die anthropologischen Bedingungen. Die Geschichte des an den Füßen gebundenen Knaben hatte ihn zur theoretischen Intelligenz bestimmt. Noch einmal hatte der Vater diesen Akt wiederholt, als er, unerkannt, den Sohn am Scheidewege traf. Oidipus war zu einer Wanderschaft von Korinth her unterwegs, die kein Ziel hatte als das, den Pflegeeltern dort sich zu entfernen, weil das Orakel ihm Vatermord und Mutterheirat vorhergesagt hatte. Laios ließ den Wanderer überrollen. Der wich zur Seite. Die Räder des Wagens fuhren ihm über den Fuß.

Oidipus hatte einen merkwürdigen ersten Versuch gemacht, den Gang anzutreten. Etwas trieb ihn denn doch. Als ihm in Delphi gesagt wird, »du wirst den Vater erschlagen und die Mutter heiraten«, machte er sich auf den Weg, um dem aus dem Wege zu gehen. Aber da man den Aufgaben nicht aus dem Wege gehen kann, gelingt es noch nicht. Er gerät genau dahin, wo er eben den Vater erschlagen wird. Er ist innerlich noch nicht zum Gang bereit; er hat noch nicht erworben, wieder erworben, was dazu gehört.

Oidipus wird also Mitkönig in der Vaterstadt. Sie ist ihm mehr die Stadt der Mutter, der Königin, der er sich verbindet. Sie gebärt ihm zwei Töchter und zwei Söhne. Als er zum selbständigen Herrscher wird, bricht das verborgene Schicksal auf. Die Stadt wird von einer Pest heimgesucht. Aber der Rätsellöser weiß ebenso wenig wie die anderen, warum dies geschieht. Hier setzt das Stück von Sophokles ein. Oidipus führt eine Untersuchung. Das ganze Stück »Oidipus Tyrannos« ist eine einzige moderne, logische, manche haben gesagt, eine fast detektivische Untersuchung. Der König führt sie als eine Verfolgung von Erkenntnis, so wie die Sophisten es zur Zeit der Tragödien in Griechenland tun. Nietzsche hat Sokrates selbst als den »ersten theoretischen Menschen« bezeichnet und als den Zerstörer der attischen Tragödie. Oidipus führt, könnte man weiter sagen, eine sokratische Untersuchung nach den neuen Regeln der Logik durch. Er will eindeutige Ergebnisse: Wer ist es gewesen? Was ist geschehen? Er weiß nicht und will nicht wissen, worum es im

Grunde geht. Alles dreht sich um das Subjekt der Untersuchung, ihn. Die Dramaturgie ist ungeheuer modern. Während wir uns gerade verirren in die Absolutheit unserer Vorstellung, der Erkenntnis zu folgen, während wir meinen, sie durch Untersuchungen der Fakten und durch Aussagen von Zeugen immer weiter treiben zu können, versäumen wir das Wesentliche. Wir vergessen, daß es um den Lebensweg derer geht, die diese Frage stellen.

Oidipus selber ist der Gegenstand der Untersuchung, die er führt. Er ist, logisch gesehen, der Verbrecher, nach dem er fahndet. Dieses ist die Lehre des Stückes, so wie eben über dem delphischen Tempel steht: Erkenne dich selbst. Gemeint ist aber Einsicht darin, daß wir sind in den Verstrickungen und Entfaltungen unserer Wechselbeziehungen mit der übrigen Welt: Sieh wer du bist im Verhältnis zu dieser Welt und im Verhältnis zu den Göttern! Diese Frage ist dann nur noch als katastrophaler Bruch möglich. Der geschmähte blinde alte Seher Teiresias muß endlich gehört werden. Die Berichte der alten Hirten schließen den frühen ersten Kreis, der um das Leben des ausgesetzten Knaben gezogen worden ist, noch einmal. Die Königin Iokaste, die Mutter und Frau, die Mutter auch seiner Kinder, erhängt sich. Er selber blendet sich und geht in die Verbannung, die er, nicht wissend, daß sie ihn selber trifft, längst vorher über sich ausgesprochen hat.

Man versteht diese Geschichte nicht recht, wenn man sich nicht vergegenwärtigt, daß zugleich mit dem mythischen Zeitalter auch die Reste des magischen abgestreift werden. Seelenfahrt ist bei den Schamanen schon das große Mysterium der Welterfahrung: sie kommt also aus der magischen Zeit her. Gleichzeitig mit dem Bruch damit wurde nun auch der Wechsel von der mütterlichen Regierung, von der mütterlichen Bestimmung der Gesellschaft, der weiblichen zu der männlichen vollzogen. Es wird immer gesagt, Oidipus sei der Stürzer des Matriarchats in Theben gewesen, weil er sich zum Herrscher setzte. Ich meine, daß dieses bereits in der Generation vorher geschehen ist oder wenigstens vorweggenommen wurde. Da der Vater Laios seinen Sohn opferte, um sich die lebenslange Herrschaft zu sichern, war er schon nicht mehr einer der traditionellen Gemahle der Königin.

Diese waren, wie die Heroen der Göttin, als deren Priesterin die Königin herrschte, ihr nur auf eine Phase beigegeben, die mit ihrem Opfertod und einem neuen Mitkönig endete. Nach dem alten Gesetz war Iokaste die Priesterkönigin und wählte sich ihre Begleiter. Oidipus hat den ersten Schritt zur Herrschaft des Mannes, den Laios begonnen hatte, endgültig besiegelt. Er herrschte zunächst noch gemeinsam mit Iokaste, immerhin. Bei Sophokles tritt er dann aber als alleiniger Führer der Untersuchung auf. Nach der Katastrophe wird Kreon, der Bruder der Iokaste, zum Alleinherrscher, zum Patriarchen.

Sigmund Freud hat daran erinnert, daß doch der Fuß des Oidipus ihm so sehr recht gebe, die Dinge alle ins Sexuelle zu interpretieren. Der Fuß ist in der Tat ein altes Sexualsymbol. Im französischen Argot ist *le pied* ein anderes Wort für Phallus. Man kann diesen Hinweis aus den »drei Abhandlungen über die Sexualität« durchaus auch im umgekehrten Sinne aufgreifen. Mir scheint, die Bedeutung, die dieser Fuß in der Geschichte hat, kann eben auch so gesehen werden, daß hier mit dem behinderten und mit dem zum Hervortreiben eines abgelösten Intellektes zwingenden Fuße die phallische Herrschaft beginnt. Ich ergehe mich hier nicht in Spekulationen, sondern bewege mich nach Bachofen und Ranke-Graves und Campbell und Lore Tomann und all denen, die das bis in die Gegenwart verfolgen, auf gesichertem Boden.

Ich habe von abgelöstem Intellekt gesprochen und muß aufpassen, daß ich da nicht allzu modern, nicht allzu gegenwärtig kritisch werde. Deshalb sollte man in dieser Stelle zwei Zeilen aus dem Sophokleischen »König Oidipus« lesen: »Nicht fällt, wer den Schritt bedenkt!«. Sie sehen, es geht wirklich um diese Einheit von Gehen und Denken, um den Weg. »Und schnell zu denken, König, leicht ist es zu schnell!« Die moderne Kritik wird von dem Dichter der Athenischen Polis für sein Volk ausgesprochen. Sie gilt nicht dem Denken, also dem Prinzip der Ratio überhaupt. Mit der Schnelligkeit des Denkens wird der Wille verurteilt, der sich nicht zurückbindet in das Ganze des Ganges der Dinge, um rasch eine Absicht auf einen Teil davon zu richten. Was ist die Folge von diesem zu schnellen Denken?

Oidipus kommt zu Fall und gibt seine Stellung auf. Er nimmt den Stab des bettelnden Wanderers und geht. Die Söhne des Oidipus und der Iokaste treten das väterliche Erbe an, indem sie ihm gewissermaßen seinen Trick mit dem Rätsel abluchsen und zu Inhabern der Macht werden. Diese machen sie sich gegenseitig streitig und kommen um im Zweikampf um die Alleinherrschaft über Theben. In demselben Kampf tötet einer den anderen; sie fallen einer durch den anderen. Die beiden Töchter Ismene und Antigone werden der alten mütterlich-priesterlichen Herrschaft enterbt. Die enterbten Töchter sind dann die, die schließlich den Vater geleiten. Anders könnte er in die Verbannung nicht gehen, weil er den äußeren Weg nicht sieht, auf dem er nun die innere Wanderschaft antritt. Er geht, und zwar geht er bereits in dem Moment, in dem er sich blendet.

Warum sticht sich Oidipus in dieser Katharsis die Augen aus, mit der Nadel aus dem Gewand der erhängten Iokaste? André Gide gibt in seinem »Theseus« eine Antwort. Oidipus müsse sich blenden, weil er den Schein der Dinge, die ihn doch immer getäuscht haben, nun beseitigen müsse. Weil er sehenden Auges ins Verderben gerannt sei, wolle er sich dem Schein entziehen, indem er die Dinge, die ihn täuschten, nicht mehr zu sehen brauche.

Ich meine, es ist noch etwas Anderes. Er täuschte sich, nicht die trügerischen Wahrnehmungen ihn. Wieder fällt das ausschlaggebende Wort bei Sophokles, viele Male. Es ist der Zusammenhang zwischen Blindheit und seherischem Sehen und Dunkelheit der Rede.

Besonders gibt Teiresias Anlaß dazu, von verborgener Klarheit zu sprechen. Die Dunkelheit ist die, aus der die Dinge dann in ihrem Wesen erblickt werden. Oidipus blendet sich, um sich selber nicht länger in die Versuchung zu führen, der er nicht widerstehen kann. Er muß sich gewaltsam befreien von jenem machtausübenden Blick, den schon der Perseus auf die Gorgo geworfen hat; von dem modernen, experimentellen Blick; dem kontrollierenden; dem eine Versuchsanordnung überwachenden; dem einen Sehstrahl wie ein Blitz oder wie ein Pfeil auf das Objekt schickenden Blick. Wo er alles enthüllte, muß er selber sich verbergen. Zwar wird der Mythos ausgetrieben und der Natur unterworfen. Perseus, Herakles, Theseus sind die Helden der Zeit. Doch Oidipus tritt endlich den Gang an.

Die Wanderschaft ohne Ziel. Der Weg des Lebens führt ihn nicht nur durch versäumte Stationen seines Lebens. Er erfüllt sich auch endlich über diese hinaus. Das zweite Stück des Sophokles heißt »Oidipus in Kolonos«. Er gelangt, der nunmehr Geblendete, wie zufällig zu dem heiligen Hain, von dem ihm geweissagt worden ist, daß er dort die Lösung seines Schicksales finden wird und auch Erfüllung seines Weges. Oidipus wird, nachdem er doch in den Gang gefunden hat, vom Delphischen Orakel zu demjenigen ernannt, dessen Segen als Sterbender unschätzbare Güter dem Ort und der politischen Gemeinde mitteilt, in der er stirbt. Nun laufen ihm alle plötzlich hinterher. Die Söhne wollen den verstoßenen Vater auf ein Mal wieder bei sich haben. Die Stadt Theben bemüht sich, ihn wenigstens nicht in Athen zu wissen. Kolonos aber gehört zu Athen. Der König von Athen ist Theseus, und Theseus tut für Athen, was er nur tun kann. Er begibt sich zu Oidipus in den Hain von Kolonos als Gastgeber, mit Ehrungen und Versprechungen. So schafft er es, Oidipus dort zu halten, bis er stirbt. Oidipus kann seine Seelenfahrt dort vollenden.

Damit ist aber doch das mythische Zeitalter nicht wieder aufzunehmen. Alle, die danach kommen, Herakles, erst recht der Odysseus, sie sind schon viel mehr Abenteurer im modernen Sinne. Sie bewältigen und überwältigen die übrige Welt. Der nemeische Löwe und die Hydra werden erschlagen. Die Circe und die Sirenen werden von Odysseus überlistet. Gefahr und Geschicklichkeit, Bedrohung und Leistung spielen sich in der Welt einer kausal überschaubaren Geschichte ab. Oidipus bedarf der Blendung, um den Weg durch diese Welt nicht als Expedition zu verfehlen. Die Seelenfahrt wird ihm so fast schon zu einer »Reise nach innen«. Eben diese Trennung in Innen und Außen wird im Umherirren des Blinden noch einmal geleistet. Aber es gibt die alte Dreiheit, die zu der Seelenfahrt gehört, nicht mehr. In der magischen, in der mythischen Form führte die Fahrt abwärts in die Unterwelt, aufwärts durch die Oberwelt und in die Geschichte zurück.

Das ist wohl notwendig aufgebrochen. Jean Gebser hat eine solche Einteilung in ein mythisches, davor noch ein magisches, dann ein mentales Zeitalter unserer Gattungsgeschichte vorgenommen. Er sieht uns heute stehen an dem Punkt, an dem wir das mentale wieder überwinden müssen. Das darf aber nicht geschehen, indem wir in eines der alten zurückverfallen. Vielmehr müssen wir die drei Dimensionen nun endlich zu einer Einheit zusammenführen. Das Bild des Mythos ist der Kreis, weil alles immer wiederkehrend sich neu gebiert. Ein Stirb und Werde, in dem es keine endgültige Entwicklung und Entfaltung gibt, eher ein Zurücksinken. Dieser Kreis wird durch das mentale Alter notwendig aufgebrochen. Wenn man ihn dann abrollt, hat man eine gerade Linie, den Pfeil der linearen Zeit der Moderne. Das ist ein gutes Bild von dem, was nach dem Untergang des Mythos kommt.

Was bedeuteten die drei Phasen der Seelenfahrten? Die magisch-mythische Dreiheit war die des Aufbruches von der Erde in die Tiefe, in die Unterwelt, dann der Reise durch die Überwelt und die Rückkehr wieder in die von den Menschen bewohnte Welt. Der keltische Held Con Eda etwa, oder die indischen Helden kehren in unsere Welt zurück, um mit der Erfahrung, mit der Weisheit, die sie mit ihrer eigenen Verwandlung gewonnen haben, in der Geschichte der Menschen zu wirken. Das Abenteuer aber geht aus auf Welteroberung. Robert von Ranke-Graves nennt entsprechend die Erzählungen von den Toten des Theseus und der anderen Herrscher politische Propaganda. Gerade im Gegensatz zu ihnen ist unsere Erzählung vom Weg des Königs Klumpfuß ein Mythos.

Oidipus hat die Fahrt verweigert und dann doch angetreten. Allerdings hat er dabei die alte Dreiheit endgültig aufgebrochen. Er versäumt zunächst die Unterwelt und die Überwelt, weil er vorausgreift in die historische Herrschaft. Er kommt noch aus der alten Welt, die wußte, daß die drei Reiche kosmologisch, geistig eine Einheit bilden. Er steht in der Realität dieser geschichtlichen Welt. Aus ihr geht er fort zur »Reise nach innen«, wo oben und unten im Menschen sich wiederholen. So ist das Dritte für ihn die Unterwelt. Auf Kolonos nimmt ihr Mund ihn auf, um ihn zu behalten. Die einen sagen, er wird von den Furien gejagt und zerrissen. Die anderen sagen gnädig, es hat sich die Erde geöffnet; so auch Sophokles. Aber dort endet die Fahrt. Sie führt nicht wieder zurück in die geschichtliche Welt, wie sie auch nicht in die obere geführt hat.

Die christliche Auffassung, jedenfalls so wie sie in der Dogmatik weithin herrschend geworden ist, hat dem notwendig entgegengesetzt, daß die dritte Phase die in der Überwelt wird. Christus fährt nieder in die Unterwelt, nachdem er auf die Erde gekommen ist. Seine Fahrt führt abschließend in die Überwelt, in den Himmel – nicht zurück auf die Erde. Gegenwärtige Theologien scheinen allerdings andere Traditionen, eben auch der christlichen Lehre, wiederzuentdecken.

Im Mittelalter gibt es eine sonderbare Teilung: Diesseits und Jenseits. Ein Zwischenreich öffnet sich nur an den Rändern, auf der einen Seite zu dem mystischen Weg des Meisters Eckehard. Auf der anderen Seite durch die Aventuren des Parcefal, die dann doch zur Initiation führen. Auf der einen Seite das Pilgerwesen; auf der anderen Seite die Gesellschaft der Handwerker – alle immer noch Abkommen der alten Seelenfahrt.

Ich will jetzt mit einer Schlüsselstelle bei Paracelsus in die Neuzeit überleiten. Er sagt von den niedergelassenen Ärzten, sie sitzen mit ihrem Hintern hinter dem Ofen und reden von Birnen. Ihm wird von ihnen vorgeworfen, er mische sich unter das landfahrende Volk. Gegen diese Vorwürfe der Landfahrerei hat er eine Schrift zu seiner Verteidigung geschrieben.

»Defension von wegen meines Landfahrens«. Mir ist not, das ich mich verantworte von wegen meines lantfarens und von wegen des, das ich so gar mindert leiblich bin ... mein wandern, so ich bisher verbracht hab, hat mir wohl erschlossen, ursach halben das keinem sein meister im haus wahset noch seinen lerer hinter dem ofen hat. So sein auch die künst nicht alle verschlossen in eines vaterlant sondern sie seind ausgeteilt durch die ganze Welt, nicht das sie in einem menschen sein alein oder an einem ort, sondern sie müssen zusammen geklaubt werden, genommen und gesucht do do sie seind, es bezeugts mit mir das ganz firmament, das die inclinationes sonderlich ausgeteilt sein, nicht alein einem jetlichen in seinem dorf, sonder nach inhalt oder obristen spaeren gehen auch die radii in ir zil.«

Da sehen wir eine Verbindung doch noch mit

dem Firmament und doch auch schon ein Wandern durch die reale, geschichtliche Welt. Da ist von einer Grundhaltung die Rede, die unsere Gegenwart unter den Völkern der Welt so notwendig braucht. Dazu gehören zwei weitere Passagen dieses Doctor Theophrastus Bombastus von Hohenheim.[5]

»die kunst gehet keinem nach, aber ir muß nachgegangen werden... Wil einer ein person sehen, ein lant sehen, ein stat sehen, dieselbig ort und gewonheit erfaren, des himels und der element wesen, so muß einer denselbigen nachgehen... also ist die art eines jetlichen der etwas sehen und erfaren wil, daß er demselbigen nachgehe und kenntlich kuntschaft eineme, und wen es am besten ist, verruck und weiter erfare... die krankheiten wandern hin und her, so weit die welt ist, und bleiben nicht an einem ort... so wander er auch; wandert er weit, so erfert er vil und lernet vil erkennen.«

So werden die verschiedenen Künste des Geographius, des Philosophus, des Astro-

---

5) Alle Zitate aus: Sieben Defensiones. Verantwortung über etliche Verunglimpfungen seiner Mißgönner. 1537/38.

nomus gelobt, die Paracelsus alle mit einbezieht.

»nun gehet doch ein buler einen weiten weg, das er ein hübsche frauenbilt sehe, wie vil mer einer hübschen kunst nach!... das die weisheit ist ein gab gottes, da er sie hingibt, in demselbigen sol man sie suchen, also auch da er die kunst hinlegt, da sol sie gesucht werden. das ist ein groß erkentnis im menschen, das der mensch so vil verstehet, das er die gaben gottes suchet, da sie ligt und das wir zwungen sein derselbigen nachzugehen... dan das wil ich bezeugen mit der natur: der sie durchforschen wil, der muß mit den füßen ire bücher treten.«

Dieses ist eine Zwischenstation vor der Entwicklung der Moderne. Am Beginn der Neuzeit hatte sich die sinnenhafte Welt wieder geöffnet, die Seelen könnten sich aus der unweigerlichen Heilsgeschichte und dem Sog des Jenseits beurlauben. Sie durften durch das Buch der Natur mit ihren Sinnen streifen, nicht nur, um sich Gott als seinen Autor zu vergegenwärtigen, sondern in den Führungen des Sinnenwandels, da die Seele mit ihren Augen zu sehen und mit ihren Ohren zu hören vermag, wie Leonardo sagte.

Das formte der Neuplatoniker Ficino in Florenz zu einer Erkenntnislehre der Renaissance. Eine wesentliche Dimension, eine Tugend der Erkenntnis nannte er Liebe. Liebe zur Sache und Liebe zur Erkenntnis sind das, was auch den Menschen so wandelt, daß er seines und ihres Sinnes teilhaftig zu werden vermag.

Dies wurde durch Absicht und Abgrenzung zurückgelassen. Die Fährten der Seelen durch die Welt, selbst die Dialoge zwischen uns und ihr wurden ausgegrenzt aus der Empirie der Naturwissenschaften. Francis Bacon untersucht was er will. Er läßt sich nicht treffen von dem, worauf er trifft. Da wird dann das Herumfahren zur Forschungsreise. Sie ist immer weniger mit der eigenen Bildung grundsätzlich verbunden. Dieses wird dann im achtzehnten Jahrhundert gewissermaßen abgegeben an den Bildungsroman. Aristokratische Bildungsreisen zu den Höfen Europas und die Wanderjahre der bürgerlichen Gesellen verschmelzen. Unter der Patenschaft von Paracelsus, Jacob Böhme und Spinoza sucht Wilhelm Meister zu ergründen, wie er die Entsprechungen seiner Person und der Welt zu ergreifen vermag. Aber er sucht doch in den Schichten der bekannten geschichtlichen Welt und findet sich als weltgewandtes Individuum. Die Tiefen der Berge, die kosmischen Öffnungen des Shakespeareschen Theaters bleiben am Weg zurück wie Brunnen und Weinberge. Außerdem kehrt Wilhelm Meister in das Reich, aus dem er kommt, in sein bürgerliches Elternhaus nicht wieder zurück, um es zu regieren mit Hilfe dessen, was aus ihm in der Welt geworden ist.

Im neunzehnten Jahrhundert wird vom Empirischen her der Versuch unternommen, den Weltuntergang an die Stelle der Fahrten der Menschen durch die Welt zu setzen. Die Welt wird als Evolution interpretiert. Forschung gilt deren Schriften. Vom Historismus her wird eine Selbstverwirklichung des Weltgeistes gedacht, der durch die ganze Welt hindurch zu sich selbst kommt. Dabei hat er schon bei Hegel etwas atemlos Vorwärtsdrängendes. Für die Einstellung von Oidipus findet sich das Wort nun nachträglich: Fortschritt. Das heißt, *es* schreitet fort. Nicht mehr wir gehen unseren Gang durch die Welt. Ich möchte dies nicht zur Alternative machen. Ich versuche, die moderne Tendenz des westlichen Denkens aufzuzeigen, zu einer solchen Alternative zu kommen. Das geschah mehr faktisch vielleicht als einer bewußten tieferen Absicht nach. Tatsächlich aber hat uns das so erschüttert und wir haben uns so darauf fixiert, daß uns heute alle Vorstellung von wirklicher, durch uns wirkender Beweglichkeit erschreckt. Die großen Beweger des späten neunzehnten Jahrhunderts und frühen zwanzigsten Jahrhunderts – Marx einerseits, Freud andererseits – rufen uns zwar auf zu einer Rückbesinnung auf das, was unerledigt, ungelöst unter dem Fortschritt der Vergangenheit liegen geglieben ist. Aber der Seele gönnen sie doch auch nicht ihren Gang. Realitätsprinzip und Klassenkampf warten sehr ungeduldig auf den tüchtigen Adepten.

Ich meine, daß gesellschaftliche Aufarbeitung und Durcharbeitung im Freudschen Sinne nicht ersetzen, was einmal die Seelenfahrt war. Was die Seele in der Analyse tun darf, entspricht eher dem, was Oidipus tut in dem Stück von Sophokles. Er führt eine Untersuchung, die die analytischen Erkenntnisse für eine Richtigkeit der Verhältnisse herbeischafft. Ich will dabei natürlich die ganzen wirklichen therapeutischen Zusammenhänge des Modells der Kur bei Freud nicht verkennen, in der es die Dyade von Analytiker und Analysand gibt. Ich gehe hier einmal der theoretischen Seite nach. Schon Schiller hat in einem Brief an Goethe gesagt, Oidipus, dieses Stück des Sophokles, sei eigentlich nur eine einzige Analyse. Es führe zurück zu etwas, was wir kennenlernen sollen; aber es gehe nicht weiter in diesem Gang.

Wohin sollten wir eigentlich gehen? Die Welt ist seit Euklid ein vorgestellter, leerer Raum. Sie wissen, drei Dimensionen – Länge, Breite, Höhe – werden vermessen. Es gibt Raster wie Kästchenpapier. Auf dem können sie Schiffe-Abschießen üben. Die übrige Welt wird in denselben Raster eingeplant. Der Weltenraum ist heute gewissermaßen in Planquadrate hineinprojiziert. Wohin soll man denn da eigentlich gehen? Der Raum ist doch leer, wo ihn nicht gerade irgendwelche Körper einnehmen. Wer soll sich denn in einem leeren Raum bewegen können und auf was hin? Schon Sokrates wollte von dem wahren Leben und vom Suchen der Wahrheit nicht mehr sprechen. Er begann gerade Erkenntnis von Bildern und Situationen abzulösen. Negativ und mittelbar erfahren wir, wie er selbst Stationen der Reifung, wie er mit Schülern Situationen der Einsicht durchlebte. Wir nennen das die sokratische Ironie, die sich nicht positiv ausdrücken konnte. »Ich weiß, daß ich nichts weiß«. Diese Vorstellung nimmt an, daß die anderen verstehen müssen, was wirklich Weisheit ist und daß diesem Manne etwas widerfahren sein muß, das man nicht einfach in Text umsetzen kann. Das, was er weiß, paßt nicht in den Computer. Deswegen spricht er durch seine Ironie. Ich weiß nichts, was ich euch in diesem Klartext, den ihr da heutzutage zu verlangen bereit seid, mitteilen könnte. Damit sagt er gleichzeitig: Aber es gibt etwas zu wissen. Es gibt etwas Anderes. Diese indirekte Form der Mitteilung hat dazu geführt, daß eine nur noch rationale Gesellschaft, der die einstigen Kosmologien zerfallen sind, nur noch die formallogischen Ableitungen hört.

In den menschlichen Verwandlungen auf Fahrten der Reife wird erkennbar notorische Identität eingeschmolzen und umgegossen. Wenn die Welten, durch die einst die Seelen fuhren, nicht mehr allen in ihren mythischen Bildern wenigstens einen Anschein von Vertrautem haben, scheint den feststellenden Beobachtern und vielleicht denen, die sich auf den Weg begeben, die Orientierungslosigkeit total. Wenn die feststellbare Art von Identität nicht mehr datenmäßig gewährleistet ist, dann löst die Identität sich auf. Eine Identität im Werden gibt es dann am wenigsten.

Um diese geht es mir aber. Was meine ich damit? Wie sehr kennen wir alle aus wichtigen Phasen unseres Lebens den Augenblick, in dem wir bemerken, wir haben uns bis jetzt in etwas verrannt. Wir entdecken etwas Neues, das auch zu uns gehört, und stehen in dieser ganz schwierigen Situation, im Neuen noch nicht sicher zu sein, uns nur angezogen oder getrieben zu fühlen. Die alte Sicherheit ist als eine Scheinsicherheit erkannt und muß aufgegeben werden. Wir dürfen nicht länger an ihr festhalten, sonst kommen wir nicht weiter. Aber die ganze Welt nagelt uns darauf fest: Was ist denn eigentlich gerade mir dir? Du bist ja jetzt ganz unsicher. Da werden wir nachbohren, da schlagen wir zu. Unendlich dankbar sind wir den Menschen, die dann für uns sich erinnern. Wir wissen, sie werden uns immer wieder erkennen. Sie wissen auch, daß es richtig ist, durch diese Verwandlung zu gehen. Sie sind mit uns bei diesem Gang.

Heutzutage sind dies einzelne Menschen, wenn wir Glück haben – das Glück sich mit uns wandelnder Freundschaften. Eigentlich war einmal eine ganze Kosmologie so gemeint, daß das Firmament Zeuge ist dafür, wie richtig es ist, sich zu verwandeln und in dieser Verwandlung zu sich selber zu kommen. Oidipus hat noch einmal in diese Welt hinein, aus ihrer Erinnerung heraus und durch ihre Wirklichkeit hindurch seinen Gang angetreten. Er hat dies gewagt. Es hat sich gezeigt, daß wir dies gerade in der neuen Welt wieder beginnen müssen, so viel schwerer das geworden ist.

Wir müßten nicht einmal blind sein, um das zu leisten, was der Oidipus sich vorgenommen hat; denn wir könnten vielleicht in der Übung nun schon der Jahrtausende lernen, mit einem zweifachen Blicken durch die Welt zu gehen. Der Blick, der kontrolliert, der einer absichtsvollen Ratio allein verbunden ist, könnte zu Zeiten bewußter jenem Blick weichen, den unsere Konventionen einen passiven nennen würden.

Ich erinnere an jene Stelle bei Rilke in »Den Göttern Griechenlands«. Da heißt es plötzlich: »Und alle sehn dich an / du mußt dein Leben ändern.« Angesehen werden gehört auch zu dem Blick. Wenn wir diese beiden Blicke uns nebeneinander gewinnen und miteinander bewahren können, wenn wir die Kraft entfalten, den Widerspruch auszuhalten auf uns nehmen, dann haben wir eine Identität ganz anderer Qualität vor uns. Dann haben wir diesen Bann, in den uns das mentale Bannen des Mythischen selber geschlagen hat, nämlich das Verweigern der Seelenfahrt, um einige Windungen doch schon gelöst.

Oidipus hat das Ende des Mythos gesetzt, und er ist selber über dieses gesetzte Ende hinausgegangen. Wir müssen uns nun fragen, wie anders das sogenannte Rätsel der Sphinx von Menschen, die sich diese Welt begegnen lassen können, ausgeschritten werden könnte, statt verbal beantwortet zu werden. Auch darauf habe ich einen ersten Hinweis aus einem Theater bekommen. In Wien am Burgtheater wurde Kleists »Hermannschlacht« gegeben, nach sehr, sehr langer Zeit. Ich finde, in einer außergewöhnlich verdienstvollen Inszenierung, weil sie nämlich begriffen hat, daß Kleist eigentlich schon surreal, eigentlich schon absurdes Theater ist. Am Ende des Stückes irrt der moderne Held, der Eroberer Varus, Roms Feldherr, durch die dunklen Wälder Germaniens. Er weiß nicht mehr ein noch aus. Die Führer haben ihn in die Irre geführt. Es gibt nach seinen Landkarten auch keinen Ausweg mehr. Er trifft ein altes Weib und fragt sie nach dem Weg. Bitte denken sie daran, daß der mindestens in seinen Fragen zu den bedeutendsten zählende Philosoph Martin Heidegger einmal sagt: »Alles liegt am Wege«. Also muß man doch wohl auch des Weges ziehen, um es dort finden zu können.

Das ist freilich keineswegs, wonach Quintilius Varus die Frau fragt, die plötzlich vor ihm auftaucht. Er will sich an einem bestimmten Platz mit seinen Truppen neu vereinigen. Sie aber ist selbstverständlich nicht das Kräuterweib, das er in ihr sieht. Sie heißt bei Kleist eine Alraune. Sie ist eine Schicksalsbotin und eine Weissagerin: Sie ist eine germanische Sphinx. Er fragt: »Woher komme ich, wohin gehe ich, wo bin ich?« Sie gibt drei Antworten: Woher er kommt? »Von nichts, aus nichts, Quintilius Varus.« Wohin er geht? »Zu nichts, Quintilius Varus.« Wo er ist? »Zwei Schritte vom Grab.« Sie wünscht ihm einen guten Weg. Er begreift gar nichts.

Ich meine, daß Kleist uns wirklich in diesem Stück auf den Weg des Oidipus schickt, auf den Weg, den Oidipus zunächst nur verweigern konnte. Und dieses Nichts? Ich habe das vorbereitet in meiner kleinen Erläuterung der sokratischen Ironie »Ich weiß, daß ich nichts weiß«. Dieses Nichts ist nicht einfach gar nichts. Es ist nur nichts, was auf den Landkarten dieses Feldherren zu Buche schlagen kann. Für ihn, dessen Lebensweg in Wahrheit Stunden später ans Ende kommt, ist das, woher er kommt und wohin er geht, deshalb nichts, weil er nicht begreift, daß sein Marsch zu einem anderen »Weg« gehört.

Wenn wir uns tatsächlich einmal, wovon die Sphinx spricht, aus unser aller Leben vergegenwärtigen würden? Als Kinder krabbeln wir auf vier Beinen. Das ist vor der Aufrichtung, vor dem aufrechten Gang. Wir führen ein Leben in einem Bewußtsein, das zur Erde hin orientiert ist und von der Erde. Wir sind glücklich mit ihr. Aber daraus müssen wir erwachen. Es kommt die Aufrichtung und eine interessante Entwicklung. Einmal mehr möchte ich ihnen das an meinem Verständnis des aufrechten Ganges als einer Zeitgestalt vorstellen, wie in einem »Sinnenbewußtsein«. In jedem Augenblick eines Ganges durch einen Garten, durch einen Wald, durch einen Raum, durch eine Straße, müssen wir ein Bein vom Boden heben, um es vor uns wieder aufzusetzen. Wir begeben uns also in ein Ungleichgewicht; aber wir fallen nicht um. Gleichgewicht heißt im Gehen Wechsel von Ungleichheiten, einmal ein rechtsfüßiges, einmal ein linksfüßiges Ungleichgewicht. Wenn man Menschen anhalten würde zu irgendeiner Zeit, würden sie in jedem einzelnen Augenblick im Ungleichgewicht sein. Aber das gehört zu diesem Gleichgewicht ja gerade dazu. Wechsel von Ungleichgewichten kann sehr wohl eben auch ein Gleichgewicht ergeben: dieses bildet sich nur in einer höheren Ordnung als das der Waage, die zum Stillstand kommen muß. Dieses höhere Gleichgewicht, dieses so viel komplexere und in sich bewegte hebt die Ungleichgewichte in einem gemeinsamen Rhythmus auf. Diese können sie in die biologischen Tiefen verfolgen und auch in eine geistig-seelische Überhöhung zu einem Modell von Transzendenz. Das Großartige ist nämlich, daß das schon erste Teil-Ungleichgewicht, der erste Moment der Verunsicherung des Standes, bereits aufgehoben ist in dem Gang, der gerade erst beginnt – so wie der letzte Schritt.

Dies weist darauf hin, daß wir uns einer unendlichen Geschichte verdanken, in der ein solches Gleichgewicht sich hat herausbilden können. Eine Geschichte der Natur durch alle lebenden Wesen hindurch bis zum Menschen. Und natürlich eine Geschichte von uns jedem durch unser Leben hindurch, in dem wir, wie wir sagen, gelernt haben, zu gehen. Nun, dieses Vorwegnehmen des Ganzen im ersten Teilschritt und dieses Einlösen des Vorweggenommenen in einem Gang, dieses ermöglicht uns, das Spiel zwischen dem Schwersein und dem uns Aufrichten in der Bewegung durch den Raum zu unserer freien Bewegung hervorwachsen zu lassen.

Joseph Campbell hat nun gesagt, »daß der uralte, zeitlose Kosmos der Symbole einstürzen mußte... Das Problem besteht vielmehr genau darin, allen Menschen, Männern und Frauen, die Möglichkeit zu geben, durch die Lebensbedingungen in unserer Welt hindurch die volle Reife der Menschlichkeit zu erlangen. Diese Bedingungen aber haben die alten Formeln fruchtlos, irreführend, sogar gefährlich gemacht«.[6]

Er kennt einen Oidipus, der auch durch diesen Zusammenbruch geht, und hat ihn einen neuen Welterlöser genannt. Die Voraussetzung dafür aber sei, daß der Held, der diesen Gang antritt, sich selber kreuzige, das heißt, durch das Oben und Unten und durch die Weite der Welt hindurchgehe, sonst wird er ein Tyrann. Campbell hat schließlich gemeint, daß in unserer Zeit vielleicht nur noch das einsame und verzweifelte Schweigen einzelner Wissender die Wahrheit dieser mythischen Weisheiten in die Gegenwart übertragen kann. Ich müßte nicht Schüler von Adorno und seiner »negativen Dialektik« sein, wenn ich das nicht bis ins letzte nachvollziehen könnte. Ich ehre diese unerhörte Zurückhaltung gegenüber wieder so im Schwange befindlichen naßforschen Erklärungen: Wir machen das

6) Joseph Campbell, Der Heros in tausend Gestalten, Suhrkamp stw 1978, S. 370 ff.

schon, nehmen uns die Mythen wieder, und los geht's. Aber ich denke, daß gerade die gegenwärtige weltpolitische Lage der Völker und Kulturen uns vergegenwärtigt, wie außerordentlich konkret die Aufgaben sind, wenn wir nur versuchen, durch unsere eigenen Verständnisversuche hindurch, miteinander zu verbinden, was sich gegenüber steht. Da stimme ich wörtlich mit Campbell überein: »Nötig wäre vielmehr eine Verwandlung der gesamten Gesellschaftsordnung, so daß jede Handlung und jede Einzelheit des weltlichen Lebens dazu beiträge, das belebende Bild des universellen Gottmenschen, der in uns allen wohnt und wirkt, dem Bewußtsein zu erschließen... Der Mensch verstand den aber nicht als Ich, sondern als Du: Denn von den Ideen und zeitweiligen Institutionen aller Stämme, Rassen, Kontinente, Klassen und Jahrhunderte kann keine das Maß der unerschöpflichen und wunderbar vielfältigen göttlichen Existenz sein, die das Leben in uns allen ist.«[7]

Die hochindustrialisierte Welt des Westens steht auf der einen Seite; unsere Welt des Feststellens, des festen, des statischen Gleichgewich-

7) J. C., a. a. O., S. 376 f.

tes und des unreflektierten Dranges zur Expansion als Ersatz für jenes Bewußtsein göttlichen Lebens. Die noch aus den Traditionen der Schöpfungsbewegung und des Kosmischen kommenden Gemeinschaften der Dritten Welt stehen auf der anderen Seite. Wenn wir hindurchgehen durch die Generationen der starren Väter und der gewiß recht unsicher aufbrechenden Generationen in den Ländern des Ostens, dann werden wir entdecken, daß dieses wirklich die Stunde neuen Wandels ist. Ich glaube, Österreich, ich glaube, Wien ist der richtige Platz, mit allem Nachdruck die Aufforderung dazu auszusprechen: Seien wir bereit zu dem Gang durch unsere eigenen Sonderbarkeiten, die uns von dem übrigen Kosmos, von den übrigen Völkern und voneinander absondern. Ihn einmal besinnend anzutreten, ist diese Aufgabe der Selbstkreuzigung. Unsere ekelhaften Scheinsicherheiten aufzugeben, mit denen heute wieder unsere Leute den vielen Unsicheren im Osten wie im Süden als Rechthaber und Befreier gegenüber treten, das wäre eine Selbstbefreiung zum wahrhaft Lebendigen in uns. Wir haben es eben gar nicht richtig gemacht. Wir sehen doch, daß wir auf die entscheidenden Fragen der Zeit keine Antwort geben können. Die Marktwirtschaft ist bisher die beste Auskunft der Welt in dem Bemühen, Menschen nach ihren Bedürfnissen, nach ihren eigenen Wünschen Dinge zu geben. Die einzige Alternative, die wir aus unserer Geschichte kennen, ist die der magischen und mythischen Zeit, wo von der Gesellschaft, der Kultur jedem verordnet wird, was sie, was er zu brauchen hat. Das ist die Alternative, zu der wir alle nicht mehr bereit sind. Oidipus erinnert daran, daß vor seiner Rätseltat mythische Verstrickungen von herrschenden Völkern Menschenopfer abverlangen durften.

Die Marktwirtschaft ist das einzige, was wir erfunden haben. Aber wie unendlich unbefriedigend sie ist, müssen wir doch erkennen, wenn wir uns darüber klar werden, daß sie gerade deshalb eine so gute Lösung ist, weil sie jede Bewertung ausschließt. Infolgedessen setzt sie uns aber auch außerstande, etwa den seelischen Werten der Natur, der Bewegung, der Beziehungen zwischen Menschen, der Beziehung zu einem kosmischen Leben eine eigene Bedeutung in einem Oikos zuzuerkennen.

Ökonomie hat sich bei uns doch auch auf das schändlichste zurückgezogen von dem, was sie eigentlich ursprünglich sein muß. Vom ganzen Hause, wie es doch im achtzehnten Jahrhundert im deutschen Sprachgebrauch heißt. Das ganze Haus will besorgt und erfüllt sein. Wenn eine ordentliche Ökonomie herrscht, das heißt, eine, die mit einem philosophischen Nachdenken verbunden ist, brauchen wir gar keine Ökologie. Aber dazu müßte sie eben über viele Dinge nicht nur nachdenken, sondern bereit sein, Teilgewißheiten als Teilgewißheiten zu erkennen.

Dann steht uns ein hochinteressanter, ein höchst unsicherer, ein allerhöchst nottuender Weg bevor. Für diesen uns einiger Ansprüche und Vorläufer aus der Geschichte zu versichern, erscheint mir recht wichtig. Mindestens, denke ich, ist es nützlich zu erkennen, daß die Verweigerung der Seelenfahrt durch den Oidipus ein sonderbares Erbe ist. Wir sind vielleicht von den gebundenen Füßen, die man dem Oidipus mitgegeben hat, befreit. Uns sind aber auf neue Weise von innen her die Füße gebunden. Daran wird eine totale Therapiekultur, wie sie allerdings auftritt, sicher gut verdienen und wenig verändern. Auf der anderen Seite geht es auch nicht um ökonomische Organisationsformen als solche. Die gegenwärtigen, so sehr sie uns mit ihren Expansionstendenzen in Beschleunigung versetzen, halten uns nur umso entschiedener im statischen Denken gefangen. Wir lassen uns gewissermaßen die Füße binden, während wir vom Schleudersitz aus die Welt beherrschen wollen.

Zum Gehen bereit zu sein, heißt die Bindung an einseitige Strukturen zu lassen. Dies ist die Seite der Freiheit, an der wir auf die Fülle zugehen. Es geht um das Ganze unserer Wege. Wir müssen diesen wunderbaren Anspruch auf eine göttliche Lebendigkeit in allen unseren Leben annehmen mit Augen, die sich dem Universellen öffnen, und einem Stab, der uns durch die Verstrickungen führt, und bei den Händen zu wechselseitigem Geleit uns fassend. Für diesen Anspruch und für dieses Gehen geben uns mythische Bilder mahnende und auffordernde Wegweiser.

DER AUTOR

Rudolf zur Lippe, geboren 1937 in Berlin, studierte Volkswirtschaft, Staatslehre und Geschichte (Promotion). Er arbeitete als Verlagslektor, am Internationalen Institut für außereuropäische Musikkulturen und am Theater. 1970 bis 1976 Lehrtätigkeit an der Universität Frankfurt, seit 1974 Lehrstuhl für Sozialphilosophie und Ästhetik in Oldenburg.

Seine Studien der Ökonomie, der Soziologie, der Geschichte, Kunst und Philosophie fließen zu Analysen der europäischen Entwicklung seit der Renaissance zusammen und zielen immer wieder auf die Öffnung historisch verstellter Wege für die Gegenwart und Zukunft.

Seit den Berliner Festspielen 1983 greift er auf seine künstlerische Ausbildung zurück, um die wissenschaftliche Arbeit so anschaulich vorzustellen, wie es ihrem Gegenstand entspricht: der Geschichte des Sinnenbewußtseins als Geschichtskritik und neue Grundlegung.

Rudolf zur Lippe ist Schüler von Adorno und Karlfried Graf Dürckheim. Er arbeitete mit dem verstorbenen Hugo Kükelhaus zusammen.

AUSWAHLBIBLIOGRAPHIE

Hrsg. v.: *Theodor W. Adorno, Philosophische Terminologie,* Zur Einführung, 2 Bände, Frankfurt am Main 1973

Naturbeherrschung am Menschen, 2 Bände, Frankfurt am Main 1974

Bürgerliche Subjektivität: Autonomie der Selbstzerstörung, Frankfurt am Main 1975

Entfaltung der Sinne. Ein Erfahrungsfeld (gem. mit Hugo Kükelhaus), Frankfurt am Main 1982

Die Geometrisierung des Menschen, Oldenburg 1983

Sinnenbewußtsein. Grundlegung einer anthropologischen Ästhetik, Reinbek bei Hamburg 1987

Der schöne Schein. Existentielle Ästhetik, Bern 1988

Die Schicksalsfrage der Menschenart scheint mir zu sein, ob und in welchem Maße es ihrer Kulturentwicklung gelingen wird, der Störung des Zusammenlebens durch den menschlichen Aggressions- und Selbstvernichtungstrieb Herr zu werden. In diesem Bezug verdient vielleicht gerade die gegenwärtige Zeit ein besonderes Interesse.

SIGMUND FREUD,
Wien 1930

Diese Zeilen widmet Ihnen der
Presse- und Informationsdienst der Stadt Wien

WIENER VORLESUNGEN

Wolfgang Leonhard

SOWJETREFORMEN:
ERGEBNISSE, PROBLEME, PERSPEKTIVEN

Wolfgang Leonhard, der wohl prominenteste bundesdeutsche Kommentator des politischen Geschehens in der Sowjetunion, zieht eine Zwischenbilanz, fünf Jahre nach Michail Gorbatschows Amtsantritt.
Wie kam es zur Ernennung Gorbatschows, und warum wurde gerade er zum Reformer?
Wie kam es zu Glasnost und Perestroika, was unterscheidet die beiden?
Welche Fortschritte gibt es in Glasnost, welche in Perestroika?
Was hat sich an der Außenpolitik der Sowjetunion und des Warschauer Paktes geändert?
Welche Chancen gibt es für eine Fortführung des Reformkurses?

Wiener Vorlesungen, Band 1
54 Seiten, 12 × 18 cm,
vierfarbiger Hartband
ISBN 3-85452-300-9

W I E N E R   V O R L E S U N G E N

Hilmar Hoffmann

DIE AKTUALITÄT VON KULTUR
– PROBLEME MIT DEM KULTURBOOM

Hilmar Hoffmann, viele Jahre Dezernent für Kultur und Freizeit in Frankfurt, hat Kulturpolitik und Kulturarbeit in der BRD ebenso nachhaltig beeinflußt wie die theoretische Diskussion über den Kulturbegriff, über Aufgaben und Bedeutung emanzipatorischer Kulturarbeit. Seine Bücher »Kultur für alle« und »Kultur für morgen« gehören zum grundlegenden Gedankengut avantgardistischer Kulturarbeit. Hoffmann hat sich immer dafür eingesetzt, daß der Kulturbegriff aus seinen elitären Verankerungen gelöst wird.
In seinem vorliegenden Text setzt sich Hoffmann mit der gegenwärtigen Aktualität von Kultur – als Produktivität und Wirtschaftsfaktor ebenso wie als immer mehr Menschen zugängliches kreatives Potential – auseinander. Er sieht die Kultur als Basis jener ethischen Grundlagen, auf denen sich die Utopie einer humanen Zukunft entwerfen ließe.

Wiener Vorlesungen, Band 3
54 Seiten, 12 × 18 cm,
vierfarbiger Hartband
ISBN 3-85452-302-5

P I C U S   V E R L A G

W I E N E R   V O R L E S U N G E N

Horst Seidler

WISSEN UND IGNORANZ – DAS DILEMMA DER EVOLUTION ZUM HOMO SAPIENS

Der Humanbiologe Horst Seidler geht der Frage der Erkenntnisse und der Konsequenzen der Evolution zum Homo sapiens nach. Er sieht den Menschen in einer Phase, in der er scheinbar die Freiheit genießt, sich über die Bedingungen seiner Evolution hinwegzusetzen, was Seidler mit dem Begriff »Ignoranz« faßt.

So sieht er den Menschen von heute vor das Dilemma gestellt, daß er zwar weiß, wie er sein Verhalten ändern müßte, er aber geradezu gezwungen ist, dieses Wissen zu ignorieren: Weil der Mensch den sogenannten Sachzwängen im sozialpolitischen, industriellen Bereich im weitesten Sinne des Wortes ausgesetzt ist, deren Eigendynamik er kaum mehr entrinnen kann.

Wiener Vorlesungen, Band 4
ca. 64 Seiten, 12 × 18 cm,
vierfarbiger Hartband
ISBN 3-85452-303-3
Herbst 1990

W I E N E R   V O R L E S U N G E N

Maurice Godelier

WIRD DER WESTEN DAS UNIVERSELLE MODELL DER MENSCHHEIT?

Die vorindustrielle Gesellschaft zwischen Veränderung und Auflösung

Maurice Godelier besucht seit dem Jahr 1967 regelmäßig die Baruya, einen Stamm in Papua-Neuguinea, und betreibt in ihrem Gebiet Feldforschung. Das interessante und über die traditionelle Ethnologie Hinausweisende an den Forschungen Godeliers besteht darin, daß er nicht nur die materiellen Verhältnisse, sondern auch die Denkmuster, die Vorstellungen, als Gründe für gesellschaftliche Hierarchie und Ordnungssysteme beschreibt. Godelier geht der Frage nach, inwieweit außereuropäische – vielfach vorindustrielle – Kulturformen in einer Gegenwart, die unter einem immer stärkeren Nivellierungsdruck – nach dem westlichen Vorbild – steht, eine Chance haben, zu überleben und sich zu behaupten.

Wiener Vorlesungen, Band 5
ca. 64 Seiten, 12 × 18 cm,
vierfarbiger Hartband
ISBN 3-85452-304-1
Herbst 1990

P I C U S   V E R L A G

WIENER VORLESUNGEN

Sommer 1990

Band 1: Wolfgang Leonhard, Sowjetreformen: Ergebnisse, Probleme, Perspektiven

Band 2: Rudolf zur Lippe, Oidipus und die verweigerte Seelenfahrt. Der Mythos vom Ende des mythischen Zeitalters

Band 3: Hilmar Hoffmann, Die Aktualität von Kultur – Probleme mit dem Kulturboom

Herbst 1990

Band 4: Horst Seidler, Wissen und Ignoranz – Das Dilemma der Evolution zum Homo sapiens

Band 5: Maurice Godelier, Wir der Westen das universelle Modell der Menschheit? Die vorindustrielle Gesellschaft zwischen Veränderung und Auflösung

Band 6: Götz Hagmüller, Wenn das Licht ausgeht in Katmandu – Grenzgänge zwischen Europa und Asien

Band 7: Irenäus Eibl-Eibesfeldt, Fallgruben der Evolution – Der Mensch zwischen Natur und Kultur

Die Reihe wird fortgesetzt

PICUS VERLAG